藤本ともひこ×中川ひろたか

あそび劇シアター

3びきのやぎとトロル
さるかにがっせん・ピンポーン

作詞●藤本ともひこ　作曲●中川ひろたか
振付●福田りゅうぞう・中右貴久・菊岡 彩

DOREMI
MUSIC PUBLISHING CO., LTD.

もくじ

3びきのやぎとトロル

- **M1** 3びきのやぎとトロル／オープニング …………………… **6**
- **M2** はしをわたるのはだれだ～ちいさいやぎ …………………… **8**
- **M3** はしをわたるのはだれだ～ちゅっくらいのやぎ ………… **10**
- **M4** はしをわたるのはだれだ～おおきいやぎ …………………… **13**
- **M5** 3びきのやぎとトロル／エンディング …………………… **16**

- ●歌詞・振付 ……………………………………………………… **18**

さるかにがっせん

- **M1** ねえねえかにどん ……………………………………………… **22**
- **M2** はやくめをだせ ………………………………………………… **24**
- **M3** おやすいごよう ………………………………………………… **26**
- **M4** いっしょにさるをやっつけよう～こがに ………………… **28**
- **M5** いっしょにさるをやっつけよう～くり ……………………… **30**
- **M6** いっしょにさるをやっつけよう～はち ……………………… **32**

M7	いっしょにさるをやっつけよう〜うしのふん	34
M8	いっしょにさるをやっつけよう〜うす	36
M9	さるがくるぞ	38
M10	けっせん　さるのばんば！	40
M11	ちからをあわせて	42

●歌 詞・振 付 ……………………………………………… 44

ピンポーン

ピンポーン ……………………………………………… 51

●歌 詞・振 付 ……………………………………………… 59

3びきのやぎとトロル

対　　象	3〜4歳児
ね ら い	登場するキャラクターの模倣ダンスを楽しむ。役になりきって、絵本の世界を楽しむ。
登場人物	●ちいさいやぎ　●ちゅっくらいのやぎ　●おおきいやぎ　●トロル　●ナレーション

3びきのやぎとトロル

M1　3びきのやぎとトロル／オープニング

作詞：藤本ともひこ　作曲：中川ひろたか

楽譜中の丸数字は振りつけページの番号に対応しています。

ナレーション　むかしむかし、3びきのやぎが、山に草を食べに行こうと思いました。でも、トロルのいる橋を渡らないと山には行けません。やぎたちは順番に、橋を渡ることにしました。一番最初は、「ちいさいやぎ」。

M2 はしをわたるのはだれだ～ちいさいやぎ

作詞：藤本ともひこ　作曲：中川ひろたか

ナレーション　次に来たのは、「ちゅっくらいのやぎ」。

M3　はしをわたるのはだれだ〜ちゅっくらいのやぎ

作詞：藤本ともひこ　作曲：中川ひろたか

ナレーション　そして最後は、「おおきいやぎ」。

M4 はしをわたるのはだれだ〜おおきいやぎ

作詞：藤本ともひこ　作曲：中川ひろたか

M5 3びきのやぎとトロル／エンディング

作詞：藤本ともひこ　作曲：中川ひろたか

3びきのやぎとトロル

原作：ノルウェーの民話
作詞：藤本ともひこ／作曲：中川ひろたか
振付：福田りゅうぞう

■登場人物

ちいさいやぎ　ちゅっくらいのやぎ　おおきいやぎ　トロル

■舞台・準備

【舞台】
段ボールに絵を描いてセットを作る。

【衣装】
やぎは、帽子に厚画用紙でつのを作り、両面テープではりつける。トロルは毛むくじゃらの帽子やお面を作る。

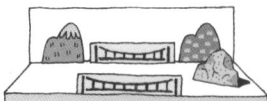

● ワンポイント・アドバイス
ダンスは、やぎ・トロルの動きをまねしながら作りました。なりきって楽しんでください！ 練習の中で、その日の「なりきりNo.1」を選んでもよいでしょう。セット作りやお面など、みんなで一緒にできる事をしながらすすめて、みんなで作り上げたぞ！感が出ると、当日の舞台がより一層盛り上がります。本番も大事ですが、それまでの過程もみんなで楽しんでください！

M1 3びきのやぎとトロル／オープニング
うたと出演：全員

全 員	3びきのやぎは はらぺこ
	はしのしたのトロルも はらぺこ
	どうする？どうなる？
	どうする？どうなる？
	はらぺことはらぺこのおはなし
	3びきのやぎは くさたべたい
	こわいトロルは やぎたべたい
	やぎとトロルのおはなし

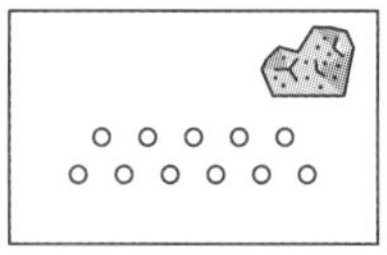

全員板つきで踊る。

①前奏 [overture & theme] (19呼間)……〔全員〕座って待つ (図❶)。
②前奏 [theme'] (9呼間)……〔全員〕立ちながら両手を上にあげて、両手横に広げながら気をつけ (図❷)。
③前奏 [drum in] (8呼間)……〔全員〕手を腰にあてて準備 (図❸)。
④前奏 (8呼間)……〔全員〕右足を前に2回トントン (2呼間)、右足を戻してトントン (2呼間) (図❹)、右足を右に2回トントン (2呼間) (図❺)、右足を戻して2回ジャンプ (2呼間) (図❻)。
⑤前奏 (8呼間)……〔全員〕④を左足も同じように繰り返す。
⑥3びきのやぎは (4呼間)……〔全員〕右へ一歩ふみだし両腕曲げ伸ばしを2回 (図❼)。
⑦はらぺこ (4呼間)……〔全員〕おなかポンポンを左右2回繰り返す (図❽)。
⑧はしのしたのトロルもはらぺこ (8呼間)……〔全員〕⑥⑦を繰り返す。
⑨どうする？どうなる？ (4呼間)……〔全員〕右手人差し指を出して2回車のワイパーのように (図❾)。
⑩どうする？どうなる？ (4呼間)……〔全員〕⑨を左手でも繰り返す。
⑪はらぺことはらぺこの (4呼間)……〔全員〕右手をだす (2呼間)、そして左手もだす (2呼間) (図❿)。
⑫おはなし (4呼間)……〔全員〕左手を右手にくっつけて (2呼間)、もどす (本を開くように) (2呼間) (図⓫)。
⑬3びきのやぎは (4呼間)……〔全員〕やぎのようにその場でギャロップ2回 (図⓬)。
⑭くさたべたい (4呼間)……〔全員〕やぎのポーズで右向く (図⓭)。 
⑮こわいトロルは (4呼間)……〔全員〕両手あげてトロルのポーズ (図⓮)。
⑯やぎたべたい (4呼間)……〔全員〕トロルのポーズで左向く (図⓯)。
⑰やぎとトロルのおはなし (8呼間)……〔全員〕⑪⑫を繰り返す。

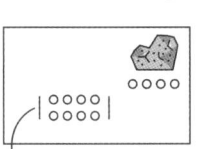

★曲が終わったら、トロルは岩の前でうしろを向いてしゃがむ。
★他の子達は下手からはける。

ナレーション　むかしむかし、3びきのやぎが、山に草を食べに行こうと思いました。でも、トロルのいる橋を渡らないと山には行けません。やぎたちは順番に、橋を渡ることにしました。一番最初は、「ちいさいやぎ」。

M2 はしをわたるのはだれだ〜ちいさいやぎ
うたと出演：ちいさいやぎ、トロル

ちいさいやぎ	かたかたこっとん かたかたこっとん
	はしをわたって くさたべよう
	かたかたこっとん かたかたこっとん
	はやくたべたいな
トロル	トロルトロル おれトロル
	いつもはらぺこ おれトロル

	かたかたこっとん おれのはし
	わたるのは だれだ！
	かたかたこっとん かたかたこっとん
ちいさいやぎ	ぼくはちいさいやぎだよ
	ぼくよりおおきいやぎならね
	このあとすぐに こっちにくるよ
トロル	かたかたこっとん おれトロル
	わたっていいぞ おちびちゃん
	かたかたこっとん きえうせろ
	おまえに ようはない

ナレーターのセリフでちいさいやぎ役が舞台に上がる

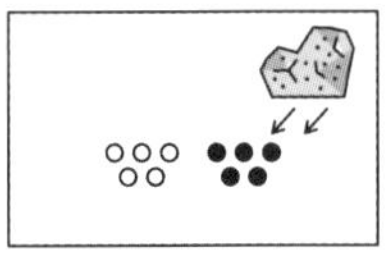

位置についたら曲をかけダンスを踊る。
立ち位置はセンターよりも少し下手寄り。

①かたかたこっとん かたかたこっとん（8呼間）……〔ちいさいやぎ〕右手人差し指でポイントしながらギャロップで右へ移動（図⓰）。
②はしをわたって くさたべ（6呼間）……〔ちいさいやぎ〕かいぐりしながらしゃがむ（図⓱）。
③よう（2呼間）……〔ちいさいやぎ〕立ちあがってやぎのポーズ（図⓲）。
④かたかたこっとん〜はやくたべたいな（16呼間）……〔ちいさいやぎ〕①〜③を左へ繰り返す。
⑤トロル（2呼間）……〔トロル〕右手大きく広げて一歩前に（図⓳）。
⑥トロル（2呼間）……〔トロル〕左手も大きく広げて一歩前に（図⓴）。
⑦おれトロル（4呼間）……〔トロル〕両手あげて足バタバタさせる（図㉑）。
⑧いつもはらぺこ（4呼間）……〔トロル〕⑤〜⑥を繰り返す。
⑨おれトロル（4呼間）……〔トロル〕両手グーで大きな鼻を作る（図㉒）。
⑩かたかたこっとん おれのはし（8呼間）……〔トロル〕右手を右耳に（4呼間）、今度は左手を左耳に（4呼間）（図㉓）。
⑪わたるのはだれ（6呼間）……〔トロル〕手で眼鏡を作って、眼にあてる（図㉔）。
⑫だ！（2呼間）……〔トロル〕右をむく（図㉕）。
⑬ぼくは（2呼間）……〔ちいさいやぎ〕右手を頭の上に（図㉖）。
⑭ちいさい（2呼間）……〔ちいさいやぎ〕左手も頭の上に（図㉗）。
⑮やぎだよ（4呼間）……〔ちいさいや

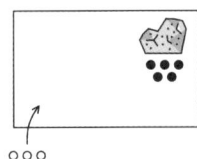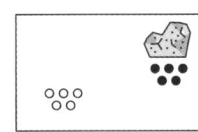
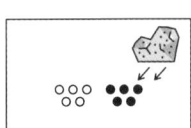

ぎ〕しゃがむ（図㉘）。
⑯ぼくよりおおきいやぎならね（8呼間）……〔ちいさいやぎ〕立ちあがって右足を軸にして、左足で円を描くようにその場で右回り（図㉙）。
⑰このあとすぐに（8呼間）……〔ちいさいやぎ〕両手を横にして、両腕を伸ばす。左（トロルの方）に進みながらちょっとまってーのポーズ（図㉚）。
⑱こっちにくるよ（8呼間）……〔ちいさいやぎ〕⑰で元の位置にもどる。
⑲かたかたこっとん おれトロル（8呼間）……〔トロル〕腕組んで、右足をどんどん（4呼間）、左足をどんどん（4呼間）（図㉛）。
⑳わたっていいぞ（4呼間）……〔トロル〕左手腰、右手親指をたてて右腕大きく時計まわりで2周まわす（図㉜）。
㉑おちびちゃん（4呼間）……〔トロル〕両手頭の上にのせる（図㉝）。
㉒かたかたこっとん きえうせろ（8呼間）……〔トロル〕⑲を繰り返す。
㉓おまえに ようはな（6呼間）……〔トロル〕親指と人差し指を右にだす（図㉞）。
㉔い（2呼間）……〔トロル〕左に向いて、手も左へ（図㉟）。

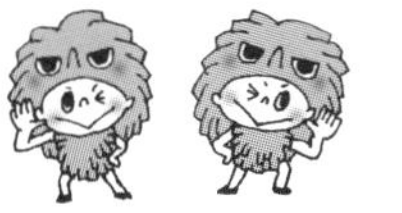

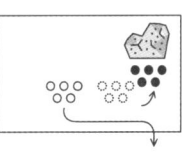

曲終わりでトロルは岩の前でうしろを向いてしゃがむ。やぎは上手よりはける。

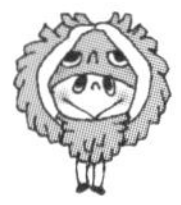

ナレーション 次に来たのは、「ちゅっくらいのやぎ」。

M3 はしをわたるのはだれだ〜ちゅっくらいのやぎ

うたと出演：ちゅっくらいのやぎ、トロル

ちゅっくらいのやぎ	がたがたごっとん がたがたごっとん
	はしをわたって くさたべよう
	がたがたごっとん がたがたごっとん
	いっぱい たべちゃおう
トロル	トロルトロル おれトロル
	なんだかはらぺこ おれトロル
	がたがたごっとん おれのはし
	わたるのは だれだ！
ちゅっくらいのやぎ	わたしはちゅっくらいの やぎですよ
	わたしよりおおきいやぎならね
	このあとすぐに こちらにきます
トロル	がたがたごっとん おれトロル
	わたっていいぞ
	ちゅっくらいのやぎさん
	がたがたごっとん きえうせろ
	おまえに ようはない

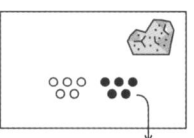
動きの流れは小さいやぎと同じ

①がたがたごっとん　がたがたごっとん（8呼間）……〔ちゅっくらいのやぎ〕両腕を張ってギャロップで右へ移動（図㊱）。
②はしをわたってくさたべ（6呼間）……〔ちゅっくらいのやぎ〕かいぐりしながらしゃがむ（図㊲）。
③よう（2呼間）……〔ちゅっくらいのやぎ〕立ちあがってやぎのポーズ（図㊳）。
④がたがたごっとん〜いっぱい　たべちゃおう（16呼間）……〔ちゅっくらいのやぎ〕①〜③を左へ繰り返す。
⑤トロルトロル〜わたるのはだれだ！（32呼間）……〔トロル〕M2と同じ。
⑥わたしは（2呼間）……〔ちゅっくらいのやぎ〕右手を頭のうえに（図㊴）。
⑦ちゅっくらいの（2呼間）……〔ちゅっくらいのやぎ〕少しかがむ（図㊵）。
⑧やぎですよ（4呼間）……〔ちゅっくらいのやぎ〕手を頭の上で回す（図㊶）。
⑨わたしよりおおきいやぎならね（8呼間）……〔ちゅっくらいのやぎ〕右足を軸にして、左足で円を描くようにその場で右回り（図㊷）。
⑩このあとすぐに（8呼間）……〔ちゅっくらいのやぎ〕両手を横にして、両腕を伸ばす。前に進みながらちょっとまってーのポーズ（図㊸）。
⑪こちらにきます（8呼間）……〔ちゅっくらいのやぎ〕⑩で元の位置にもどる。
⑫がたがたごっとん〜おまえにようはない（32呼間）……〔トロル〕M2と同じただし「ちゅっくらいのやぎさん」のところは、ちゅっくらいのやぎのまね（図㊹）。

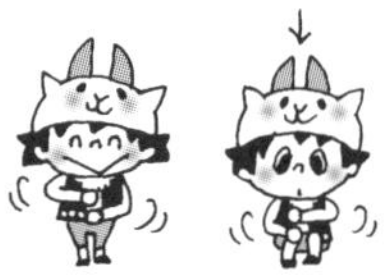

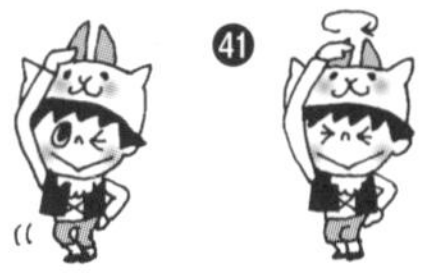

ナレーション　そして最後は、「おおきいやぎ」。

M4　はしをわたるのはだれだ〜おおきいやぎ
うたと出演：おおきいやぎ、トロル

おおきいやぎ	どったんばったん　ぎしぎし
	どったんばったん　ぎしぎし
	はしをわたって　くさたべよう
	どったんばったん　ぎしぎし
	どったんばったん　ぎしぎし
	くさが　まってるぜ
トロル	トロルトロル　おれトロル
	ほんとにはらぺこ　おれトロル
	どったんばったん　ぎしぎし
	おれのはし
	わたるのは　だれだ！
おおきいやぎ	おれさまいちばんおおきいやぎだ！
	おまえをたおしてやまへいく！
	トロルなんぞは　こわくもないぞ！

セリフ		
	トロル	「うまそうなやぎだ」
	おおきいやぎ	「なにを！こっちもいくぞ　それ！」
	トロル	「とりゃ」
	おおきいやぎ	「うりゃ」
	トロル	「わわわわ！」
	おおきいやぎ	「どうだまいったか」
	トロル	「まいりました」

トロル	どったんばったん　ぎしぎし
	おれトロル
	こりゃかなわん　ごめんなさい
	どったんばったん　ぎしぎし
	おれにげる
	かんべん　たすけてー！

①どったんばったん〜ぎしぎし（8呼間）……〔おおきいやぎ〕手をグーにしてやぎの耳をつくって、ギャロップで右へ移動（図㊺）。
②はしをわたってくさたべ（6呼間）……〔おおきいやぎ〕かいぐりしながらしゃがむ（図㊻）。
③よう（2呼間）……〔おおきいやぎ〕立ちあがってやぎのポーズ（図㊼）。
④どったんばったん　ぎしぎし〜まってるぜ（16呼間）……〔おおきいやぎ〕①〜③を左へ繰り返す。
⑤トロルトロル〜わたるのはだれだ！（32呼間）……〔おおきいやぎ〕M2と同じ。
⑥おれさま（2呼間）……〔おおきいやぎ〕両腕大きく内まわしで（図㊾）。
⑦いちばんおおきい（2呼間）……〔おおきいやぎ〕ガッツポーズ（図㊿）。
⑧やぎだ！（4呼間）……〔おおきいやぎ〕両腕のばして戻す（図㊿）。
⑨おまえをたおしてやまへゆく（8呼間）……〔おおきいやぎ〕⑥〜⑧繰り返し。
⑩トロルなんぞは（8呼間）……〔おおきいやぎ〕左へ歩きながら両腕曲げ伸ばしで押す感じで（図㊿）。
⑪こわくもないぞ！（8呼間）……〔おおきいやぎ〕こぶしをつくって腕をふりおろす（図㊿）。

間奏　「うまそうなやぎだ」〔トロル〕その場でパンチ
「なにを！〜それ！」〔おおきいやぎ〕その場でパンチ
「とりゃ」〔トロル〕その場でキック

「うりゃ」〔おおきいやぎ〕その場でキック
「わわわわ！」〔トロル〕たおれる
「どうだまいったか」〔おおきいやぎ〕腰に手をあて、両足開く
「まいりました」〔トロル〕まいりましたのポーズ

⑫どったんばったん〜おれトロル（8呼間）……〔トロル〕M2と同じ。

⑬こりゃかなわん（4呼間）……〔トロル〕両手をまわしながらいただきますのポーズ（図㊳）。

⑭ごめんなさい（4呼間）……〔トロル〕ごめんなさいのポーズ（図㊴）。

⑮どったんばったん ぎしぎし おれにげる かんべん（12呼間）……〔トロル〕⑫〜⑭くりかえし。

⑯たすけてー！（4呼間）……〔トロル〕手のひらをあわせて手をたおして走ってにげる（図㊵）。（上手よりはける）

M5 3びきのやぎとトロル／エンディング   うたと出演：全員

```
全員   3びきのやぎは おやまへ
      トロルはどこかに にげちゃった

      やぎと トロルの
      おしばいは おしまい

      はらぺことはらぺこのおはなし

      3びきのやぎは まるまるふとる
      トロルははらぺこの まんまかな

      はらぺことはらぺこのおはなし

      ぱっちりちょっきり
      すっとん とん！

      ぱっちりちょっきり
      すっとん とん！

      やぎと トロルのおはなし
```

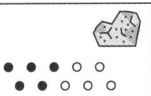

全員板つきで音楽スタート。並び方は「トロル」役、やぎ役とでかたまっておく。

①前奏（8呼間）……〔全員〕右足を前に2回トントン（2呼間）、右足を戻してトントン（2呼間）（図㊶）、右足を右に2回トントン（2呼間）（図㊷）、右足を戻して2回ジャンプ（2呼間）（図㊸）。

②前奏（8呼間）……〔全員〕①を左足も同じように繰り返す。

③3びきのやぎは（4呼間）……〔全員〕右へ一歩ふみだし両腕曲げ伸ばしを2回（図㊹）。

④おやまへ（4呼間）……〔全員〕おなかポンポンを左右2回繰り返す（図㊺）。

⑤トロルはどこかに にげちゃった（8呼間）……〔全員〕③〜④を繰り返す。

⑥やぎとトロルの（4呼間）……〔全員〕右手人差し指を出して2回車のワイパーのように（図㊻）。

⑦おしばいはおしまい（4呼間）……〔全員〕⑥を左手でも繰り返す。

⑧はらぺことはらぺこの（4呼間）……〔全員〕右手をだして（2呼間）、その後、左手もだす（2呼間）（図㊼）。

⑨おはなし（4呼間）……〔全員〕隣の人と手をつなぐ（図㊽）。

⑩3びきのやぎはまるまるふとる（8呼間）……〔やぎ役の人〕客席に手を大きく振る（図㊾）。

⑪トロルははらぺこのまんまかな（8呼間）……〔トロル役の人〕大きく手を振る（図㊿）。

⑫はらぺことはらぺこのおはなし（8呼間）……〔全員〕腕を振る（図㊻）。

⑬ぱっちりちょっきり〜すっとんとん！（8呼間）……〔全員〕みんなで手をつないで「すっとんとん！」で駆け足（図㊼）。

⑭やぎとトロルのおはなし（8呼間）……〔全員〕手をつないだまま前に歩く（4呼間）→戻る（4呼間）（図㊽）。

⑮後奏（16呼間）……〔全員〕手を広げてその場でまわる（図㊾）。

さるかにがっせん

対　　象	5歳児〜小低学年
ねらい	親しみのある「さるかにがっせん」でダンスダンス！みんなが主役の楽しいオペレッタ。
登場人物	●さる　●かに　●こがに　●くり　●はち　●うしのふん　●うす　●ナレーション

M1 ねえねえかにどん

作詞：藤本ともひこ　作曲：中川ひろたか

かきのたねと おにぎりを とりかえました

ナレーション　かには、種を植えて、柿の木を育てることにしました。

M2 はやくめをだせ

作詞：藤本ともひこ　作曲：中川ひろたか

〔かに〕
はやくめをだせ
はやくめをだせ
はやくめをだせ

ナレーション 柿の実はいっぱいなりましたが、かには木に登れません。すると、そこにさるがやってきて、「柿の実をとってあげよう」と、柿の木に登っていきました。

M3 おやすいごよう

作詞：藤本ともひこ　作曲：中川ひろたか

ナレーション　さるの投げた青くて固い柿の実が、かににあたって、かには死んでしまいました。かにのおなかの中からは、たくさんのこがにが出てきました。やがて、こがには大きくなって、きびだんごをこしらえて、さるのばんばにあだうちに行くことにしました。

M4 いっしょにさるをやっつけよう〜こがに

作詞：藤本ともひこ　作曲：中川ひろたか

ナレーション　すると、むこうから、くりが来ました。

M5 いっしょにさるをやっつけよう〜くり

作詞:藤本ともひこ　作曲:中川ひろたか

ナレーション　次にやって来たのは、はち。

M6 いっしょにさるをやっつけよう〜はち

作詞：藤本ともひこ　作曲：中川ひろたか

ナレーション 次にやって来たのは、うしのふん。

M7 いっしょにさるをやっつけよう〜うしのふん

作詞：藤本ともひこ　作曲：中川ひろたか

ナレーション　次にやって来たのは、大きなうす。

M8 いっしょにさるをやっつけよう〜うす

作詞：藤本ともひこ　作曲：中川ひろたか

ナレーション　さるのばんばに着いたみんなは、すぐに自分のもちばにかくれると、さるを待ちました。

M9 さるがくるぞ

作詞：藤本ともひこ　作曲：中川ひろたか

♩=116

① 前奏　F7　　B♭7

② E♭　F7　B♭　E♭　③　F7

〔さる以外〕さるがくるぞ　さるがくるぞ　さるがくるぞ

④ B♭7　Cm　⑤間奏　F7　B♭7

かくれよう

〔さる〕つかれたぞ　はらぺこだ　ひをつけて　あたたまろう

M10 けっせん さるのばんば！

作詞：藤本ともひこ　作曲：中川ひろたか

ナレーション　すると、いろりでまちかまえていたくりが…

♩=144

〔くり〕「パッチーン」

〔さる〕「あっちちちちちち」

〔ナレーション〕さるが やけどを ひやそうと みずおけにいくと、そこに かくれていた こがにが…

〔こがに〕「チョキチョキチョキ」

〔さる〕「いててててて」

〔ナレーション〕すると、こんどははちが…

〔はち〕「チクン、チクン」

〔さる〕「あちゃちゃあちゃちゃ」

〔ナレーション〕あわててそとにいくと、そこにいたうしのふんに…

〔うしのふん〕「ツルッ！」

〔さる〕「あいたたたた」

〔ナレーション〕さいごにうすが…

〔うす〕「ドスン！」

〔さる〕「うえーん、まいりました」

ナレーション　みんなでちからをあわせて、さるをやっつけることができました。

M11 ちからをあわせて

作詞：藤本ともひこ　作曲：中川ひろたか

こがにかにかに　くりくりくり　はちブンブン　ぼくたちなかま
うしの　ふんも　おおきなうすも　ちからをあわせりゃ　なんでもできる

⑩ ひ と りきりじゃ | で きな いことも | ち から をあわせ ーりゃ

⑬ なんでもできる | ⑭ ひ と りきりじゃ | で きないことも

⑮ ち から をあわせーて エイ エイ オー！ | ⑯ | ⑰後奏

さるかにがっせん

原作：日本の民話
作詞：藤本ともひこ／作曲：中川ひろたか
振付：中右貴久

■登場人物

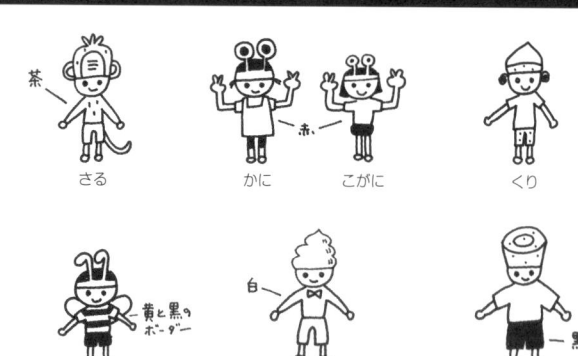

さる（茶）／かに（赤）／こがに／くり／はち（黄と黒のボーダー）／うしのふん（白）／うす（黒）

■舞台・準備

それぞれの衣装、被り物。ホワイトボード。柿の木の絵（4枚）。いろり、水桶の絵。さるの家の絵（1枚）。黒子の先生。

● ワンポイント・アドバイス
各曲が短いのが特徴です。このため、振り付けもシンプルなものが多く、ダンスナンバーも覚えやすくなっています。また、それぞれの見せ場が必ずありますので、一人一人が主役という気持ちを持たせて、やる気を引き出してあげてください。

M1 ねえねえかにどん　　　うたと出演：全員

全員
むかしむかし あるところに
おにぎりもった かにがいた
そこに かきのたねをもった
さるが やってきた

ねえねえ かにどん
おにぎりは たべたら
なくなっちゃうけど
たねを うえれば
やがて みがなり
どっさりたべられる
なるほど なるほど
そりゃそうかもね

さるとかには かきのたねと
おにぎりを とりかえました

---

①前奏（8呼間）……両手をつなぎ、舞台奥で横1列に並んで待つ（図❶）。
②前奏（8呼間）……8歩前進（図❷）。
③前奏（8呼間）……右足から3歩右方向へ歩き、左足を右方向へキック（図❸）これを反対方向でも行う。
④前奏（8呼間）……つないだ両手を前後に4回振る（図❹）。
⑤むかしむかし あるところに（4呼間）……両手を離し、右足から1歩前進し、左足をそろえるこれをもう一度繰り返す（図❺）。
⑥おにぎりもったかにがいた（4呼間）……頭の上で三角おにぎりを作り（2呼間）、次に両手を開いてかにのポーズ（2呼間）（図❻）。
⑦そこに かきのたねをもった（4呼間）……⑤を後退しながら行う。
⑧さるが やってきた（4呼間）……頭とアゴに手を当てて、ひざを2回曲げる（図❼）。
⑨ねえねえ かにどん おにぎりは たべたら（8呼間）……右手で4回手招きしながら、左から右へ動かす（図❽）。これを左手でも行う。
⑩なくなっちゃうけど（4呼間）……⑦に同じ。
⑪たねを うえれば（4呼間）……2回軽くジャンプで前進（図❾）。
⑫やがて みがなり〜そりゃそうかもね（16呼間）……⑨〜⑪に同じ。
⑬さるとかには（4呼間）……右手の手の平を上にして右横に出し（2呼間）、次に左横の人の右手に、自分の左手を乗せる（2呼間）（図❿）。
⑭かきのたねと（4呼間）……④の動作を4呼間行う。
⑮おにぎりをとりかえました（8呼間）……2呼間ずつ両手を上げ、下げる（図⓫）。続いて④を行う。
⑯後奏（16呼間）……③を2回繰り返し行う。ただし、最後の右足キックはしないで、かかとタッチでポーズ（図⓬）。

ナレーション　かには、種を植えて、柿の木を育てることにしました。

M2 はやくめをだせ
うたと出演：かに

```
かに　　はやくめをだせ
　　　　かきのたね
　　　　ださぬとはさみで
　　　　ちょんぎるぞ！

　　　　ぐいぐい ぱっ
　　　　ぽつんとでたぞ
　　　　かきのめが
　　　　やったね

　　　　はやくきになれ
　　　　かきのめよ
　　　　ならぬとはさみで
　　　　ちょんぎるぞ！

　　　　ぐいぐい ぐいっ
　　　　どんどんのびろ
　　　　かきのきよ
　　　　やったね

　　　　はやくみになれ
　　　　かきのきよ
　　　　ならぬとはさみで
　　　　ちょんぎるぞ！
　　　　ぽん！やったね
```

■準備

ホワイトボード1台に「柿の木」1〜4の上部を貼り付けたもの。順番にめくっていくと、柿の木が育っていく。

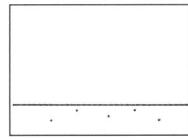

柿の木1 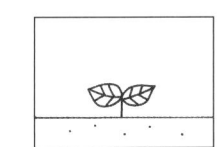　　柿の木2
柿の木3 　　柿の木4 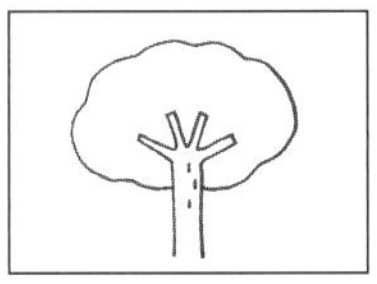

①前奏(8呼間)……〔かに〕考える仕草で右左に2回揺れる(図⑬)。柿の木1
②はやくめをだせ かきのたね(8呼間)……〔かに〕体を右左に揺らしながら、手の平を合わせて作った芽を、顔の右横・左横で小さく上げ下げする。これを2回繰り返す(図⑭)。
③ださぬとはさみで ちょんぎるぞ！(8呼間)……〔かに〕右手でチョキチョキしながら、右へ一周(図⑮)。
④ぐいぐい ぱっ ぽつんとでたぞ(8呼間)……〔かに〕ひざを軽く2回曲げな

がら、両手で作った芽も軽く上下させる。「ぱっ」で芽を頭の上に突き出し、右左に揺らす(図⑯)。黒子(先生)が柿の木1をめくり柿の木2にする。
⑤かきのめが やったね(8呼間)……〔かに〕両手を右斜め上方へ上げ、胸元へ下ろすこれを左方向でも行う(図⑰)。
⑥間奏(8呼間)……〔かに〕①に同じ。
⑦はやくきになれ かきのめよ(8呼間)……〔かに〕右へ1歩移動しながら、腕を大きく回し木のポーズをとる(図⑱)。これを左方向でも行う。
⑧ならぬとはさみで ちょんぎるぞ！(8呼間)……〔かに〕③に同じ。
⑨ぐいぐい ぐいっ どんどんのびろ(8呼間)……〔かに〕「ぐいぐい」は軽くひざを2回曲げながら、両手を顔の横で2回上下させる。「ぐいっ」で合わせた両手を伸ばし「どんどんのびろ」で右左に揺らす(図⑲)。黒子は柿の木2から柿の木3へ。
⑩かきのきよ やったね(8呼間)……〔かに〕⑤に同じ。
⑪間奏(8呼間)……〔かに〕①に同じ。
⑫はやくみになれ かきのきよ(8呼間)……〔かに〕両手でかきの実を作り、体を揺らしながら実も顔の右・左と揺らす(図⑳)。
⑬ならぬとはさみで ちょんぎるぞ！(8呼間)……〔かに〕③に同じ。黒子は柿の木3から柿の木4へ。
⑭ぽん！(4呼間)……〔かに〕正面に向かってOKポーズ(図㉑)。
⑮やったね(4呼間)……〔かに〕一度小さくなってから、一気に両手足を広げる(図㉒)。

ナレーション 柿の実はいっぱいなりましたが、かには木に登れません。すると、そこにさるがやってきて、「柿の実をとってあげよう」と、柿の木に登っていきました。

M3 おやすいごよう
うたと出演：さる、かに

■準備

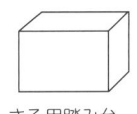

さる用踏み台

柿の木の絵の横に踏み台を置く

```
さる    おやすいごよう
        おやすいごよう
        かきのみとって
        あげましょう

        もぐもぐ うまいっ
        かきのみとって
        あげようか
        あげない

        おやすいごよう
        おやすいごよう
        あおいかきのみ
        あげましょう
        それっ！ ぱちん！
```

①前奏(8呼間)……〔さる〕踏み台に登り、右手で頭、左手でお尻を2回たたく(4呼間)。これを手を入れ替えてもう一度行う(4呼間)。〔かに〕柿の木の下手で揺れている(図㉓)。

②おやすいごよう　おやすいごよう(8呼間)……〔さる〕右方向で右手首を2回上下させる(4呼間)(図㉔)。これを反対方向でも行う(4呼間)。〔かに〕両手を胸前で前後(ワクワク)させながら揺れる(図㉔)。

③かきのみとって　あげましょう(8呼間)……〔さる〕右足を横へ踏み出し、右上方のかきを取り、右足を戻して左手にかきを乗せる(4呼間)(図㉕)。これを反対方向でも行う(4呼間)。

④もぐもぐうまいっ かきのみとって(8呼間)……〔さる〕ひざを曲げながらひじを上げる(図㉖)。これを4回繰り返す。〔かに〕ワクワクさせながら右へ1周(図㉗)。

⑤あげようか　あげない(8呼間)……〔さる〕③に同じ、ただし「あげない」で横を向く(図㉘)。〔かに〕「あげようか」でさるに両手を伸ばし、「あげない」で手首を下ろし、がっかり(図㉘)。

⑥間奏(8呼間)……①に同じ。

⑦おやすいごよう～それっ！(16呼間)……②～③に同じ。

⑧ぱちん！(8呼間)……〔さる〕かきのみを、かにに投げつけるまね(図㉙)。〔かに〕かきのみに当たり、その場に倒れる(図㉙)。

ナレーション　さるの投げた青くて固い柿の実が、かににあたって、かには死んでしまいました。かにのおなかの中からは、たくさんのこがにが出てきました。やがて、こがには大きくなって、きびだんごをこしらえて、さるのばんばにあだうちに行くことにしました。

M4 いっしょにさるをやっつけよう～こがに

うたと出演：こがに

```
こがに   ちょきちょきちょきちょき
         ちょきちょきちょきちょき
         きびだんごこしらえて
         ばんばにいこう
         にっくきさるを やっつけよう
         ちょきんとはさんで こらしめよう
```

①前奏(8呼間)……〔こがに〕両手でハサミを作り、ひざを2回曲げる(図㉚)。

②ちょきちょき～ちょきちょき(16呼間)……〔こがに〕右足を横へ開き、右斜め上方へ右手を伸ばし(2呼間)、次に左足をそろえて右手を戻す(2呼間)(図㉛)。これを2回繰り返し、反対方向でも行う。

③きびだんごこしらえて(8呼間)……〔こがに〕右方向へ右手を手の平を下向きに出し(2呼間)、手の平を返す(2呼間)(図㉜)。これを反対方向でも行う。

④ばんばにいこう(8呼間)……〔こがに〕右まわりで1周(図㉝)。

⑤にっくきさるをやっつけ(8呼間)……〔こがに〕②を右方向だけ行う。

⑥よう(8呼間)……〔こがに〕正面に両手を突き出す(図㉞)。

⑦ちょきんとはさんで こらしめよう(16呼間)……〔こがに〕②を左方向だけ行い(8呼間)、続いて⑥を行う(8呼間)。

ナレーション　すると、むこうから、くりが来ました。

M5 いっしょにさるをやっつけよう～くり

うた：くり　出演：こがに、くり

```
く　り   くりくりくりくり
         くりくりくりくり
         きびだんごくれたら
         なかまになろう
         いっしょにさるを やっつけよう
         ぱちんとはじけて こらしめよう
```

①前奏(8呼間)……〔くり〕両手を頭上で合わせ、ひざを2回曲げる(図㉟)。
　★この曲中、こがには腕組みをして、くりを仲間に入れるかずっと考えている。
②くりくりくりくり　くりくりくりくり(16呼間)……〔くり〕かいぐりしながら、右足を1歩横へ開き(2呼間)、次に左足をそろえる(2呼間)(図㊱)。これを2回繰り返し、反対方向でも行う。
③きびだんごくれたら(8呼間)……〔くり〕右方向へ右手の平を下向きに出し(2呼間)、手の平を返す(2呼間)(図㊲)。これを反対方向でも行う。
④なかまになろう(8呼間)……〔くり〕右まわりで1周(図㊳)。 
⑤いっしょにさるをやっつけ(8呼間)……〔くり〕②を右方向だけ行う。
⑥よう(8呼間)……〔くり〕正面に向かって、くりの頭のとがったところを突き刺す(図㊴)。 
⑦ぱちんとはじけてこらしめよう(16呼間)……〔くり〕②を左方向だけ行い、続けて⑥を行う。

ナレーション　次にやって来たのは、はち。

M6　いっしょにさるをやっつけよう～はち
うた：はち　出演：こがに、くり、はち

はち	ぶんぶんぶんぶん
	ぶんぶんぶんぶん
	きびだんごくれたら
	なかまになるよ
	いっしょにさるを やっつけよう
	ちくんとさして こらしめよう

①前奏(8呼間)……〔はち〕両手首を曲げ体の横につけ、ひざを2回曲げる(図㊵)。
　★この曲中、こがにとくりは腕組みをして、はちを仲間に入れるかずっと考えている。
②ぶんぶんぶんぶん　ぶんぶんぶんぶん(16呼間)……〔はち〕右方向へ2回軽くジャンプし進み(4呼間)、次に正面向きで手首を振りながらひざを2回曲げる(4呼間)(図㊶)。これを反対方向でも行う。
③きびだんごくれたら(8呼間)……〔はち〕右方向へ右手の平を下向きに出し(2呼間)、手の平を返す(2呼間)(図㊷)。これを反対方向でも行う。
④なかまになるよ(8呼間)……〔はち〕右まわりで1周(図㊸)。 
⑤いっしょにさるをやっつけ(8呼間)……〔はち〕②を右方向だけ行う。
⑥よう(8呼間)……〔はち〕右方向へ両手人差し指で指す(図㊹)。 
⑦ちくんとさしてこらしめよう(16呼間)……〔はち〕②を左方向だけ行い、続いて⑥を反対方向で行う。

ナレーション　次にやって来たのは、うしのふん。

M7　いっしょにさるをやっつけよう～うしのふん
うた：うしのふん　出演：こがに、くり、はち、うしのふん

うしのふん	ふんふんふんふん
	ふんふんふんふん
	きびだんごくれたら
	なかまになるぞ
	いっしょにさるを やっつけよう
	つるんとすべらせ こらしめよう

①前奏(8呼間)……〔うしのふん〕両手を腰に当て、ひざを2回曲げる(図㊺)。
　★この曲中、こがに・くり・はちは腕組みをして、うしのふんを仲間に入れるかずっと考えている。
②ふんふんふんふん　ふんふんふんふん(16呼間)……〔うしのふん〕右足を横へ開きながら両手を右に振り(2呼間)、左足をそろえながら両手を左に振る(2呼間)(図㊻)。次に、足をそろえたまま両手を右・左・右と振る(4呼間)以上の動作を反対方向でも行う。
③きびだんごくれたら(8呼間)……〔うしのふん〕右方向へ右手の平を下向きに出し(2呼間)、手の平を返す(2呼間)(図㊼)。これを反対方向でも行う。
④なかまになるぞ(8呼間)……〔うしのふん〕右まわりで1周(図㊽)。 
⑤いっしょにさるを(4呼間)……〔うしのふん〕②を右方向の4呼間だけ行う。
⑥やっつけ よう(12呼間)……〔うしのふ

ん〕拾ったふんを丸めて(4呼間)、正面に向かって両手の平を向ける(8呼間)(図㊾)。

⑦つるんとすべらせ　こらしめよう(16呼間)……**〔うしのふん〕**②を左方向の4呼間だけ行い、続いて⑥を行う。

㊾

ナレーション　次にやって来たのは、大きなうす。

M8　いっしょにさるをやっつけよう〜うす

うた：うす　出演：こがに、くり、はち、うしのふん、うす

う　す	どんどん うーっす！ どんどん うーっす！ きびだんごくれたら なかまになるぜ いっしょにさるを やっつけよう どすんとおちて こらしめよう

①前奏(8呼間)……**〔うす〕**腕を組み、ひざを2回曲げる(図㊿)。

★この曲中、こがに・くり・はち・ふんは腕組みをして、うすを仲間に入れるかずっと考えている。

②どんどんうーっす！どんどんうーっす！(16呼間)……**〔うす〕**「どんどん」は相撲の四股を右・左と踏み、「うーっす！」で胸前でクロスさせた両腕を力強く開く(空手の「押忍！」のように)(図(51))。これを2回繰り返す。

③きびだんごくれたら(8呼間)……**〔うす〕**右方向へ右手の平を下向きに出し(2呼間)、手の平を返す(2呼間)(図(52))。これを反対方向でも行う。

④なかまになるぜ(8呼間)……**〔うす〕**右まわりで1周(図(53))。

⑤いっしょにさるをやっつけ(8呼間)……**〔うす〕**②を8呼間だけ行う。

⑥よう(8呼間)……**〔うす〕**正面に向かって前進2歩・後退2歩しながら、相撲のツッパリを右左4回行う(図(54))。

⑦どすんとおちてこらしめよう(16呼間)……**〔うす〕**②を8呼間だけを行い、続いて⑥を行う。

㊿

(51)

(52)

(53)

(54)

ナレーション　さるのばんばに着いたみんなは、すぐに自分のもちばにかくれると、さるを待ちました。

M9　さるがくるぞ

うたと出演：こがに、くり、はち、うしのふん、うす、さる

さる以外	さるがくるぞ さるがくるぞ さるがくるぞ かくれよう
さ　る	つかれたぞ はらぺこだ ひをつけて あたたまろう

■準 備

さるの家。ホワイトボードに家の絵を垂らす。いろりと水桶の絵。共に絵の裏側に支えを取り付け自立できるもの。

①前奏(8呼間)……**〔さる以外〕**舞台最前列に、こがに・くり・はち・うしのふん・うすが横一列になり、右を見て、左を見る(図(55))。

②さるがくるぞ　さるがくるぞ(8呼間)……**〔さる以外〕**右足からボックスステップを2回行う(図(56))。

(55)

(56)

③さるがくるぞ(4呼間)……**〔さる以外〕**駆け足で全員が半円形に集まる(図(57))。

④かくれよう(4呼間)……**〔さる以外〕**全員が手を重ねる(図(58))。

(57)

(58)

⑤間奏(16呼間)……**〔こがに〕〔くり〕〔はち〕**それぞれの場所に行き、しゃがむ。**〔うしのふん〕**寝そべる(図(59))。**〔うす〕**腕組みして立っている(図(60))。**〔さる〕**前かがみで両腕をだらんと垂らし、舞台最前列にトボトボ歩いて出てくる(図(61))。

(59)

(60)

(61)

⑥つかれたぞ　はらぺこだ(8呼間)……**〔さる〕**両腕をだらんと垂らしたまま、右まわりで1周。

⑦ひをつけて(4呼間)……**〔さる〕**右手を頭に乗せ(2呼間)、左手を頭に乗せる(2呼間)(図(62))。

⑧あたたまろう(4呼間)……**〔さる〕**しゃがんで、いろりにあたる(図(63))。

(62)

(63)

M 10 けっせん さるのばんば！
セリフと出演：こがに、くり、はち、うしのふん、うす、さる

ナレーション	すると、いろりでまちかまえていたくりが…
く り	パッチーン
さ る	あっちちちちちち
ナレーション	さるがやけどをひやそうとみずおけにいくと、そこにかくれていたこがにが…
こがに	チョキチョキチョキ
さ る	いててて
ナレーション	すると、こんどははちが…
は ち	チクン、チクン
さ る	あちゃちゃあちゃちゃ
ナレーション	あわててそとにいくと、そこにいたうしのふんに…
うしのふん	ツルッ！
さ る	あいたたた
ナレーション	さいごにうすが…
う す	ドスン！
さ る	うえーん、まいりました
ナレーション	みんなでちからをあわせて、さるをやっつけることができました。

セリフに合わせて演じる

①「パッチーン」「あっちちちちちち」
Aの位置にいるさるに、くりが弾ける（図64）。

②「チョキチョキチョキ」「いててて」
Bに逃げたさるに、こがにのハサミ攻撃（図65）。

③「チクン、チクン」「あちゃちゃあちゃちゃ」
Cの位置に逃げたさるに、はちは舞台最前列を走っていき針攻撃（図66）。

④「ツルッ！」「あいたたた」
Dの位置に逃げようとするさるそこには、うしのふんが横たわっていて、さるは転ぶ（図67）。

⑤「ドスン！」「うえーん、まいりました」
さるは這って必死に前に逃げようとするが、そのさるをまたぐように、うすがのしかかる（図68）。

M 11 ちからをあわせて
うたと出演：全員

全 員	こがにかにかに くりくりくり はちブンブン ぼくたちなかま うしのふん おおきなうすも ちからをあわせりゃ なんでもできる ひとりきりじゃ できないことも ちからをあわせりゃ なんでもできる ひとりきりじゃ できないことも ちからをあわせて エイエイオー！

①前奏（10呼間）……こがに・くり・はち・うしのふん・うすは舞台中ほどに集まり、横1列に並んで待つ（図69）。
②前奏（8呼間）……8歩前進（図70）。
③こがにかにかに（4呼間）……こがには、かにのポーズで1歩前に出て、正面に向かってかに攻撃（図71）。終わったら元の位置へ下がる。
④くりくりくり（4呼間）……くりは、かいぐりしながら、1歩前に出て、大きくジャンプ（図72）。終わったら元の位置へ下がる。
⑤はちブンブン（4呼間）……はちは、1歩前に出てはち攻撃を右・左と行う（図73）。終わったら元の位置へ下がる。
⑥ぼくたちなかま（4呼間）……こがに・くり・はち・うしのふん・うすは、かかとタッチでガッツポーズを右・左で行う（図74）。
⑦うしのふんも（4呼間）……うしのふんは、1歩前に出て、ふん攻撃（図75）。終わったら元の位置へ下がる。
⑧おおきなうすも（4呼間）……うすは、1歩前に出て、「うーっす！」（図76）。終わったら元の位置へ下がる。
⑨ちからをあわせりゃなんでもできる（8呼間）……⑥を2回行う。この間に

さるとかにも列に加わる。
⑩**ひとりきりじゃ（4呼間）**……右手の手の平を上にして右横に出し（2呼間）、次に左横の人の右手に、自分の左手を乗せる（2呼間）（図⑰）。

⑪**できないことも（4呼間）**……つないだ両手を前後に2回振る（図⑱）。
⑫**ちからをあわせりゃ（4呼間）**……両両手を上げて、下ろす（図⑲）。
⑬**なんでもできる（4呼間）**……手をつないだまま、おじぎする（図⑳）。
⑭**ひとりきりじゃできないことも（8呼間）**……右足から3歩右方向へ歩き、左足を右方向へキック（図㉑）。これを反対方向でも行う。
⑮**ちからをあわせて（4呼間）**……⑪に同じ。
⑯**エイエイオー！（4呼間）**……つないだ両手を軽く2回振って、両手を上げる（図㉒）。
⑰**後奏（16呼間）**……⑭〜⑯に同じ。

ピンポーン

対　象	1〜2歳児
ねらい	絵本「ピンポーン」をベースにした、簡単でかわいらしい低年齢向け作品。どうぶつの宅配便やさんとおうちの人になって遊び感覚で踊りながら、プレゼントが届くワクワク感を表現します。
登場人物	●1番＝Aグループ（宅配便やさん→くろねこ） ●2番＝Bグループ（宅配便やさん→いぬ） ●3番＝Cグループ（宅配便やさん→ペリカン） ●4番＝Dグループ（宅配便やさん→カンガルー） ●5番＝全員

ピンポーン

作詞：藤本ともひこ　　作曲：中川ひろたか

C

ポーン　〔家の人A〕はーい　どちらさまですか？
ポーン　〔家の人B〕はーい　どちらさまですか？
ポーン　〔家の人C〕はーい　どちらさまですか？
ポーン　〔家の人D〕はーい　どちらさまですか？

(4x *al Coda*)

③ Dm　　　　G7　　　　④ Dm　　　　G7

〔宅配A〕おとどけものです　—　はんこください　—
〔宅配B〕おとどけものです　—　はんこください　—
〔宅配C〕おとどけものです　—　はんこください　—
〔宅配D〕おとどけものです　—　はんこください　—

⑤ D7　　　　G　　　　⑥ C

〔家の人A〕ありがとう　〔宅配A〕ありがとう　—
〔家の人B〕ありがとう　〔宅配B〕ありがとう　—
〔家の人C〕ありがとう　〔宅配C〕ありがとう　—
〔家の人D〕ありがとう　〔宅配D〕ありがとう　—

[A全員] おとどけもの は ー かさ！
[B全員] おとどけもの は ー ボール！
[C全員] おとどけもの は ー かばん！
[D全員] おとどけもの は ー ギター！

あめが ふっ たら ー おさんぽだ
はらっ ぱで ー サッカー
おべんと もって ー ピクニック
みんな いっ しょに ー コンサート

おとどけもの は ー うれしいね
おとどけもの は ー うれしいね
おとどけもの は ー うれしいね
おとどけもの は ー うれしいね

[ナレーション]「こんどはなにが とどくかな？」

[宅配B] ピン

[宅配C] ピン

とどくかな

〔宅配D〕ピン

〔ナレーション〕「こんどはなにが　とどくかな？」　〔A～Cグループ全員〕ピン

ポーン　はーい　どちらさまですか？

おとどけものです　はんこください

ありがとう　ありがとう

F G ㉟C B B♭ A7
おとどけものは ー ゆめ
㊱Dm G7 ㊲C C♯dim
みんなのここ ろに ー あい
㊳Dm Em
おとどけもの は ー たのしいね
㊴D7 ㊵G G7
みん なのとこにも ー とど くと いい ね ー

〔全員〕ピンポーン はーい どちらさまですか？

お とどけものです— はんこください

— あ り が と う あ り が と う —

〔演奏〕

ピンポーン

原作：ピンポーン（絵本『ピンポーン』
中川ひろたか・文／荒井良二・絵／偕成社刊）
作詞：藤本ともひこ／作曲：中川ひろたか
振付：菊岡 彩

■登場人物

宅配便やさん くろねこ
宅配便やさん いぬ
宅配便やさん ペリカン
宅配便やさん カンガルー
❶

■舞台・準備

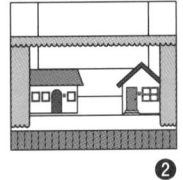

【衣装】
宅配便やさん役の子は帽子（どうぶつの顔）にシャツ。
他の子は普段着（多様な色でカラフルに）（図❶）。

【大道具】
おうちの絵（後ろから子どもたちが出てくる）（図❷）。
※配役や大道具の数については脚注参照。

● ワンポイント・アドバイス
低年齢児向け作品は、完成度の高さよりも子どもたちのしぐさや表情のかわいさを出すことを目標に指導してみて下さい。「みんな、おとどけものだって〜！何かな何かな？」など、楽しく語りかけながら表情をつけて練習しましょう。

★文中、宅配便やさん＝宅配、家のひと＝おうちと簡略表示しています。また、グループ毎に分かれているので、Aグループの宅配便やさん＝宅配A、家の人＝家の人A、全員＝A全員などと簡略表示しています。

★脚注
◎本作品では舞台の両脇に袖と待機場所がある場合を想定しています。上手・下手の袖と、おうちのセットの裏側から子どもたちが出てきます（図❸）。園により、舞台の広さ、袖幕の有無、両脇に待機場所があるかなど条件はさまざまだと思います。待機場所が一ヶ所の場合はおうちのセットを1つにして片側に寄せる（図❹）、袖がない場合はおうちの後ろに隠れて待機する（図❺）など必要に応じてアレンジを行って下さい。

❸ 〔上手・下手／袖・待機場所／おうち／客席〕
❹
❺

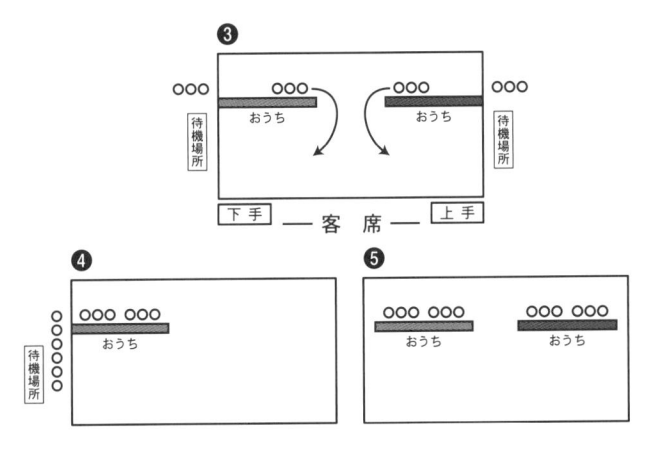

◎本作品では、子どもたちを4グループに分け、各グループに宅配便やさんを1名配役していますが、人数に応じて宅配便やさんを複数にしても可です。
◎舞台上手、下手それぞれに先生がスタンバイし、配列や出番を指示してあげましょう。他にも適宜補助して下さい。
◎1歳児クラスは、先生が一緒に出てきて演技してあげると良いでしょう。

ピンポーン

うたと出演：A全員

宅配A	ピンポーン
家の人A	はーいどちらさまですか？
宅配A	おとどけものです
	はんこください
家の人A	ありがとう
宅配A	ありがとう
A全員	おとどけものは
	かさ！
	あめがふったら
	おさんぽだ
	おとどけものは うれしいね
	こんどはなにが とどくかな
ナレーション	こんどはなにが とどくかな？

【1番・Aグループ】

①チャイム音＋前奏（16呼間）＋ピン……〔宅配A〕前奏の始まりと同時に下手（客席から見て左）から走り出てきて、おうち1の前で止まる（図❻）。「ピンポーン」の「ピン」でチャイムを押す（図❼）。

②ポーン はーいどちらさまですか？（16呼間）……〔宅配A〕「ポーン」でチャイムから指を離し、気をつけて待つ（図❽）。〔家の人A〕おうち1の後ろから出てくる（図❾）。

③おとどけものです（8呼間）……〔宅配A〕人差し指を立てる（図❿）。〔家の人A〕並ぶ。

④はんこください（8呼間）……〔A全員〕左の手のひらを右手グーでポンと2回たたく（ハンコ）（図⓫）。

⑤ありがとう ありがとう（8呼間）……〔A全員〕荷物を受け渡しするように、正面に両手をのばしペコリとおじぎ（図⓬）。

⑥演奏（8呼間）……〔A全員〕両手を胸に当て、上半身を右（2呼間）、真ん中（2呼間）、左（2呼間）、真ん中（2呼間）と揺らす（図⓭）。

⑦おとどけものは（8呼間）……〔A全員〕両手を後ろに隠す（図⓮）。

⑧かさ！（8呼間）……〔A全員〕客席に傘を見せるように腕を伸ばす（図⓯）。

⑨あめがふったらおさんぽだ（16呼間）……〔A全員〕傘を開いてさすまね（図⓰）。

⑩おとどけものはうれしいね こんどはなにが（24呼間）……〔A全員〕各自、傘をクルクル回したり、歩いたり（自由に動く）。

⑪とどくかな（8呼間）……〔A全員〕全員正面を向いて、両手グー、右手

❻ 〔おうちの人A／おうち1／おうち2／宅配便やさんA〕
❼ ❽ 
❾ 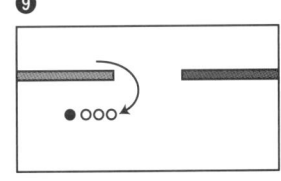
❿ ⓫
⓬
⓭
⓮ ⓯
⓰

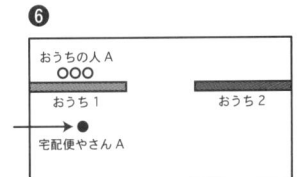

は頬に当ててポーズ（図❼）。
⑫セリフ「こんどはなにがとどくかな？」（8呼間）……〔A全員〕そのまま静止。
⑬間奏（16呼間）＋ピン……〔A全員〕舞台下手にハケる。2番の最初に間に合わなくても良いのであわてずに。〔宅配B〕舞台上手から出てきて、おうち2の前で止まる（図⓲）。「ピン」でチャイムを押す。

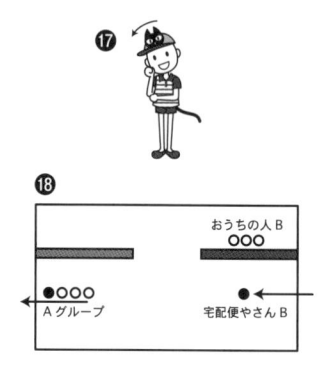

ピンポーン　　　　　　　　うたと出演：B全員

宅配B	ピンポーン
家の人B	はーいどちらさまですか？
宅配B	おとどけものです
	はんこください
家の人B	ありがとう
宅配B	ありがとう
B全員	おとどけものは
	ボール！
	はらっぱで
	サッカー
	おとどけものは うれしいね
	こんどはなにが とどくかな
ナレーション	こんどはなにが とどくかな？

【2番・Bグループ】
⑭ポーン〜ありがとう（48呼間）……②同様 家の人B が出てきて、③〜⑥同様Bグループの演技（図⓳）。
⑮おとどけものは（8呼間）……⑦と同じ。
⑯ボール！（8呼間）……ボールを見せる（図⓴）。
⑰はらっぱでサッカー（16呼間）……助走→ボールをける動作（図㉑）。
⑱おとどけものはうれしいね　こんどはなにが（24呼間）……各自、自由にドリブルやシュートなどボール遊び。
⑲とどくかな「こんどはなにがとどくかな？」（16呼間）……⑪⑫と同じ。
⑳間奏（16呼間）＋ピン……〔B全員〕舞台上手にハケる。〔宅配C〕舞台下手から出てきて、おうち1の前で止まる（図㉒）。「ピン」でチャイムを押す。

ピンポーン　　　　　　　　うたと出演：C全員

宅配C	ピンポーン
家の人C	はーいどちらさまですか？
宅配C	おとどけものです
	はんこください
家の人C	ありがとう
宅配C	ありがとう
C全員	おとどけものは
	かばん！
	おべんともって
	ピクニック
	おとどけものは うれしいね
	こんどはなにが とどくかな
ナレーション	こんどはなにが とどくかな？

【3番・Cグループ】
㉑ポーン〜ありがとう　おとどけものは（56呼間）……②〜⑦と同じ。
㉒かばん！（8呼間）……バスケットを見せるポーズ（図㉓）。
㉓おべんともって（8呼間）……バスケットを右、左2往復揺らす（図㉔）。
㉔ピクニック（8呼間）……右足ヒールタッチ（4呼間）→足を戻す（4呼間）（図㉕）。
㉕おとどけものは　うれしいね　こんどはなにが（24呼間）……各自、自由に行進。
㉖とどくかな「こんどはなにがとどくかな？」（16呼間）……⑪⑫と同じ。
㉗間奏（16呼間）＋ピン……〔Cグループ〕舞台下手にハケる。〔宅配D〕舞台上手から出てきて、おうち2の前で止まる（図㉖）。「ピン」でチャイムを押す。

ピンポーン　　　　　　　　うたと出演：D全員

宅配D	ピンポーン
家の人D	はーいどちらさまですか？
宅配D	おとどけものです
	はんこください
家の人D	ありがとう
宅配D	ありがとう
D全員	おとどけものは
	ギター！
	みんないっしょに
	コンサート
	おとどけものは うれしいね
	こんどはなにが とどくかな
ナレーション	こんどはなにが とどくかな？

【4番・Dグループ】
㉘ ポーン～おとどけものは（56呼間）……②～⑦と同じ。
㉙ ギター！（8呼間）……ギターを見せる（図㉗）。
㉚ みんないっしょにコンサート（16呼間）……ギターを弾くまね（8呼間）→ポーズ（8呼間）（図㉘）。
㉛ おとどけものはうれしいね こんどはなにが（24呼間）……各自、自由にエアギター大会。
㉜ とどくかな（12呼間）……⑪⑫と同じ。
㉝ 演奏（27呼間[3拍子×9小節]）＋セリフ「こんどはなにがとどくかな？」＋演奏＋ピン（8呼間）……A～Cグループ出てきて並ぶ（図㉙）。「ピン」で全員チャイムを押す。

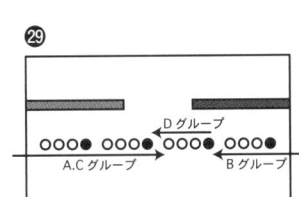

⑪のポーズで静止（図㉟）、「ピン」でチャイムを押す。
㊶ ポーン はーいどちらさまですか？～ありがとう（48呼間）……全員、②～⑥の 宅配A の動き。
【後奏】
㊷ 演奏（5呼間）……両手を腰に当て（4呼間）、最後の音で右かかとを横へタッチして終わる（1呼間）（図㊱）

ピンポーン

うたと出演：全員

```
全員   ピンポーン
      はーいどちらさまですか？
      おとどけものです
      はんこください
      ありがとう　ありがとう
      おとどけものは　ゆめ
      みんなのこころに　あい
      おとどけものは　たのしいね
      みんなのとこにも　とどくといいね

      ピンポーン
      はーいどちらさまですか？
      おとどけものです
      はんこください
      ありがとう　ありがとう
```

【5番・全員】
㉞ ポーン～おとどけものは（56呼間）……〔全員〕②～⑦の 宅配A の動き。
㉟ ゆめ（8呼間）……両手を客席に差し出す（図㉚）。
㊱ みんなのこころに（8呼間）……右手人差し指を4回振る（図㉛）。
㊲ あい（8呼間）……胸の前でハートをつくる。1歳児は、胸に手を当てるだけでも可（図㉜）。
㊳ おとどけものはたのしいね（16呼間）……両手を胸に当て、右へ2つ、左へ2つ移動（図㉝）。
㊴ みんなのとこにも（8呼間）……しゃがむ（図㉞）。
㊵ とどくといいね　ピン（12呼間）……バンザイで立ち（4呼間）、

藤本ともひこ

絵本作家。童話作家。作詞家。あそびうた作家。
あそびうた「ねこときどきらいおん」(NHKおかあさんといっしょ)。絵本「いただきバスシリーズ」「ばけばけはっぱ」「のってちょんまげ」「しーらんぺったん」「ねこときどきらいおん」「とんとんとんとんひげじいさん」など多数。保育士研修や親子向け絵本ライブも多数。

中川ひろたか

子どもの歌、絵本作家。元保育士。元バンド「トラや帽子店」リーダー。歌は『世界中のこどもたちが』『みんなともだち』『にじ』など多数。絵本は『さつまのおいも』『ないた』(日本絵本大賞受賞)『ショコラちゃんシリーズ』など多数。他に「A1あそびうたGP」「C1カロムGP」「D1だじゃれGP」「みんなともだちプロジェクト」など、多方面で活躍中。

福田りゅうぞう

八王子市のNPO法人いなりもり保育園に勤務。幼児から小学生までのスポーツクラブのインストラクターも兼任。
2003年、創作あそび作家・谷口國博氏の作品で振付師デビュー。BSフジ「モジーズ&YOU」番組内ダンスの振り付けも行う。
毎月、保育園・幼稚園の先生を対象にした「福田りゅうぞうのダンス同好会」を主催。保育雑誌「ポット」(チャイルド本社)、などにも執筆。他にも親子コンサート、保育園・幼稚園の先生を対象にしたダンス・リズム実技講習会、夏・冬の小学生を対象にした課外活動の主催も行う。

中右貴久

21歳の時、劇団青年座研究所に入所し演劇を始める。この頃より、ボイストレーニング、クラシックバレエ、ジャズダンスを学ぶ。
その後、東宝芸能に移籍し、多数のミュージカルやTV、CMに出演。幼児教育番組としては、NHK「にこにこぷんがやってきた！」、ベネッセ「こどもちゃれんじ」の歌のお兄さんとして計8年間出演した。
現在はフリーで、数多くの童謡CDを歌い、その他、童謡の振り付けも手がける。

菊岡 彩

4歳よりクラシックバレエを始める。大学時代は上智大学チアリーディング部に所属。ジャズダンス、フラメンコ、ミュージカル出演などを通し様々なジャンルのダンスを学ぶ。
卒業後、荒木祥知、鈴木恵美子らに師事し、都内スタジオでキッズバレエ講師を務める。
ダンス情報発信グループ・Continuer Nouvelleを企画・運営。首都圏でのワークショップや発表会等を開催している。
大学時代より、井出真生リズムダンス研究会にてTV・ビデオ・映画作品の出演者指導・本番の立ち会いなどを行う。

この楽譜集の参考上演CDが日本コロムビアから好評発売中！

藤本ともひこ×中川ひろたか あそび劇シアター

3びきのやぎとトロル／さるかにがっせん／ピンポーン

COCE-38049　定価：￥2,000＋税

お問い合わせ：日本コロムビア株式会社　TEL：03-6895-9001　[受付時間 10:00～17:00 (当社休日を含め、土・日曜日、祝日を除く)]

藤本ともひこ×中川ひろたか あそび劇シアター

3びきのやぎとトロル／さるかにがっせん／ピンポーン

©2013 by Columbia Songs. Inc.

作　詞	藤本ともひこ
作　曲	中川ひろたか
振　付	福田りゅうぞう／中右貴久／菊岡 彩
協　力	藤澤奈穂（日本コロムビア株式会社）
表紙イラスト	tupera tupera
本文振付イラスト	岡崎智子／くすはら順子／山田 歩
アートディレクション	徳武佳子
ピアノ編曲	丹羽あさ子
ブック・デザイン	株式会社ライトスタッフ
編　集	清野由紀子
発行日	2013年8月30日初版発行 2023年8月30日第8刷
発行人	山下 浩
発行所	株式会社ドレミ楽譜出版社 東京都豊島区高田3-10-10 ドレミ・サーティース・メモリアル4F [営業部] Tel.03-5291-1645　Fax.03-5291-1646 ホームページ：http://www.doremi.co.jp/
	ISBN978-4-285-13740-8
定価	(本体2000円＋税)

JASRAC 出 1309840-308
(許諾番号の対象は当該出版物中、当協会の許諾することのできる著作物に限られます。)

●無断複製、転載を禁じます。●万一、乱丁や落丁がありました時は当社にてお取り替えいたします。
●本書に対するお問い合わせ、質問等は封書又は(e-mail) faq@doremi.co.jp 宛にてお願い致します。

弊社出版物ご注文方法

楽器店・書店などの店頭で品切れの際は、直接販売店でご注文いただくか、弊社までお問い合わせください。
尚、インターネットでの商品検索・購入も可能です。
弊社ホームページをご覧下さい。
http://www.doremi.co.jp/

皆様へのお願い

楽譜や歌詞・音楽書などの出版物を権利者に無断で複製（コピー）することは、著作権の侵害（私的利用など特別な場合を除く）にあたり、著作権法により罰せられます。
また、出版物からの不法なコピーが行なわれますと、出版社は正常な出版活動が困難となり、ついには皆様方が必要とされるものも出版できなくなります。音楽出版社と日本音楽著作権協会（JASRAC）は、著作権者の権利を守り、なおいっそう優れた作品の出版普及に全力をあげて努力してまいります。どうか不法コピーの防止に、皆様方のご協力をお願い申し上げます。

株式会社ドレミ楽譜出版社
一般社団法人　日本音楽著作権協会（JASRAC）